Impressum
Verlag: BABADADA GmbH, Nedderfeld 112 , 22529 Hamburg
Geschäftsführer / Verlagsleitung: Harald Hof
Druck: Books on Demand GmbH, In de Tarpen 42, 22848 Norderstedt

Imprint
Publisher: BABADADA GmbH, Nedderfeld 112 , 22529 Hamburg, Germany
Managing Director / Publishing direction: Harald Hof
Print: Books on Demand GmbH, In de Tarpen 42, 22848 Norderstedt, Germany

ښوونځی
学校

教室
تقسیم
除
186/2
بورډ
黑板
ښوونکی
老师
ورق
纸
لیکل
书写
قلم
钢笔
办公桌
خط کش
直尺
کتاب
书
زده کونکی
学生

کڅوړه

书包

د پنسل بکسه

铅笔盒

پنسل

铅笔

پنسل تراش

卷笔刀

ربړ

橡皮擦

د رسامۍ پاڼه

画板

رسامي

图画

د نقاشۍ برس

画笔

د نقاشۍ بکس

颜料盒

قيچي

剪刀

سريښ

胶水

د تمرين کتاب

练习册

کورنۍ دنده

家庭作业

12

شمير

数字

2+2

جمع

加

5-2

منفي

减

2×2

ضرب

乘

حساب

计算

A

توری

字母

ABCDEFG
HIJKLMN
OPQRSTU
VWXYZ

الفبا

字母表

hello

کلمه

字

متن

课文

لوستل

读

تباشیر

粉笔

درس

上课

راجستر

登记

ازموینه

考试

تصدیق پاڼه

证书

د ښوونځی یونیفارم

校服

تعلیم

教育

دایره المعارف

百科全书

پوهنتون

大学

مایکروسکوپ

显微镜

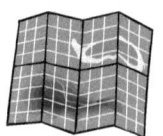

نقشه

地图

اشغالدانی

废纸篓

سفر

旅行

酒店
ليليه
د اسعارو د تبادلې دفتر
外币兑换处
بکس
手提箱
موټر
汽车

ژبه

语言

هو/نه

是/否

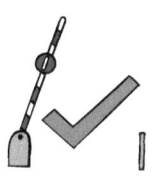

سمه ده

好的

سلام

您好

ژباړونکی

翻译员

مننه

谢谢

څومره دي...؟

……多少钱？

زه نه پوهیږم

我不明白

ستونزه

问题

ماښام مو پخیر!

晚上好！

سهار په خیر!

早上好！

شپه په خیر!

晚安！

په مخه مو ښه

再见

لارښود

方向

سامان

行李

بیګ

包

شاتنی بکس

双肩包

میلمه

客人

خونه

房间

د خوب کڅوړه

睡袋

خیمه

帐篷

د توريزم معلومات

旅游信息

ساحل

海滩

کریدیت کارت

信用卡

ناری

早餐

د غرمی خواړه

午餐

د ښپي خواړه

晚餐

تیکټ

票

لفت

电梯

مهر

邮票

پوله

边界

ګمرک

海关

سفارت

大使馆

ویزه

签证

پاسپورت

护照

ټرانسپورټ
交通运输

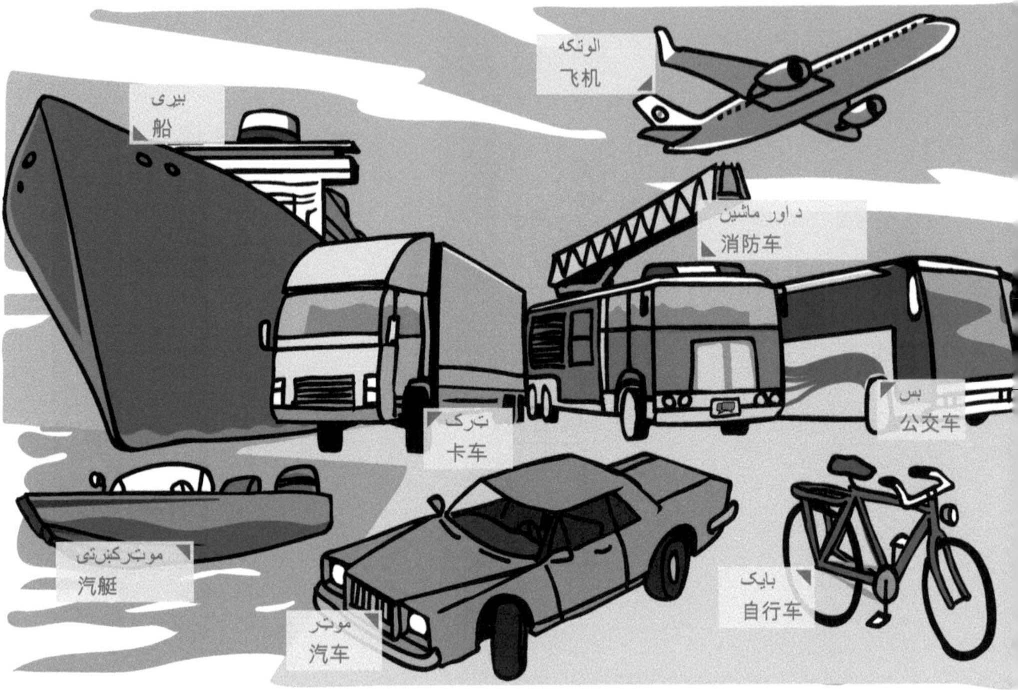
الوتکه
飞机
بیړۍ
船
د اور ماشین
消防车
بس
公交车
ټرک
卡车
موټرکښتۍ
汽艇
موټر
汽车
بایک
自行车

کښتۍ

摆渡船

کښتۍ

小船

موټرسایکل

摩托车

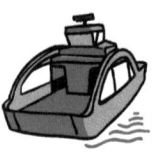

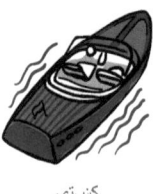

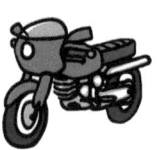

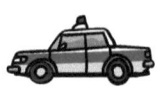

د پولیسو موټر

警车

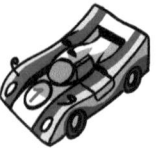

د ریس موټر

赛车

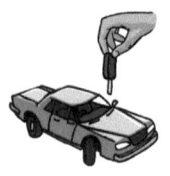

کرایی موټر

租车

د کرایه موټري

拼车

جرثقیل لرونکی ټرک

拖车

ریفیوز ټرک

垃圾车

موټر

发动机

سونګ توکي

汽油

پټرول سټیشن

加油站

ترافیکي نښه

交通标志

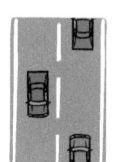

ترافیک

交通

جام ترافیک

交通堵塞

د موټرو تمځای

停车场

د ریل سټیشن

火车站

پاټکي

轨道

ریل

火车

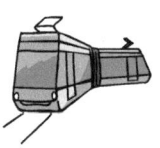

ټرام

电车

واګون

货车

چورلکه

直升机

هوايي ډګر

机场

برج

塔

مسافر

乘客

کانټېنر

集装箱

کارتون

纸板箱

کارټ

手推车

ټوکرۍ

篮子

الوتنه کول/کښېناستل

起飞/降落

ښار
城市

کلی

村庄

د ښار مرکز

市中心

کور

房子

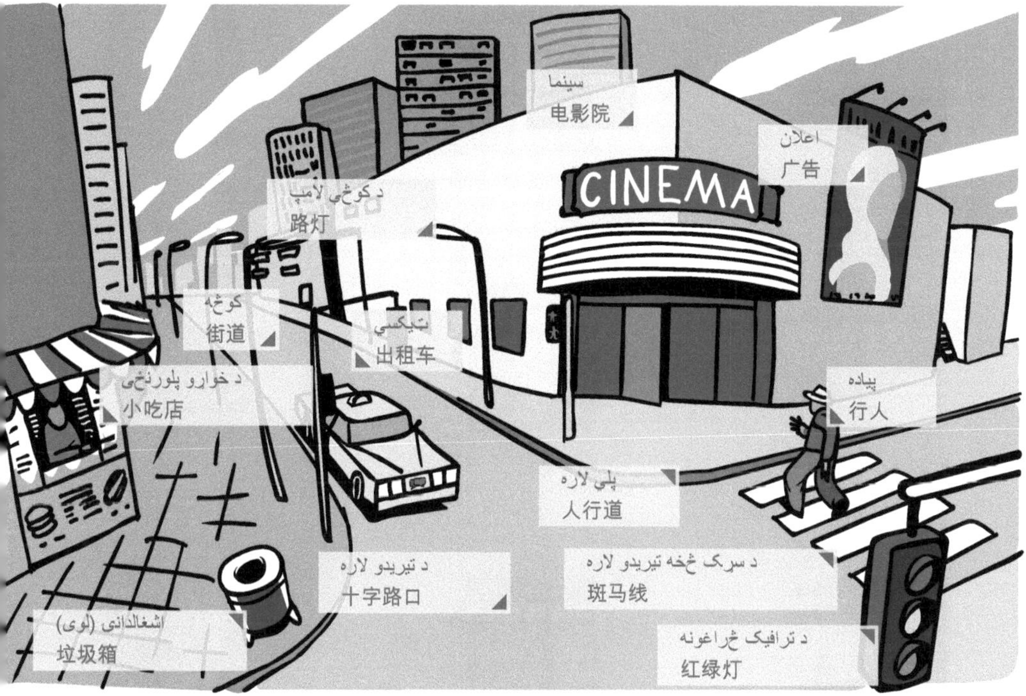
سینما
电影院
CINEMA
اعلان
广告
د کوڅې لامپ
路灯
کوڅه
街道
ټیکسي
出租车
د خوارو پلورنځی
小吃店
پیاده
行人
پلې لاره
人行道
د تیریدو لاره
十字路口
د سړک څخه تیریدو لاره
斑马线
اشغالدانی (لوی)
垃圾箱
د ترافیک څراغونه
红绿灯

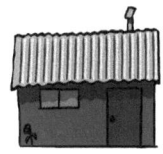

کوډله

小屋

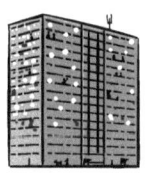

اپارتمان

公寓

د ریل سټېشن

火车站

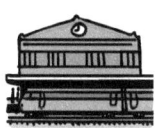

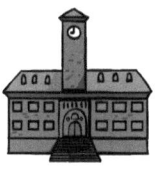

ټاون هال

市政厅

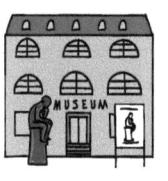

میوزیم

博物馆

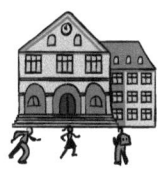

ښوونځی

学校

پوهنتون

....

大学

بانک

....

银行

روغتون

....

医院

هوټل

....

酒店

درملتون

....

药房

دفتر

....

办公室

کتاب پلورنځی

....

书店

پلورنځی

....

商店

د ګلانو پلورنځی

....

花店

لوی پلورنځی

....

超市

مارکیټ

....

市场

د ډیپارټمنټ سټور

....

百货商店

کب پلورنځی

....

鱼店

د پلور مرکز

....

购物中心

لنګرتون

....

海港

پارک

公园

بینچ

长凳

پل

桥

زینه

楼梯

د ځمکي لاندې

地铁

تونل

隧道

بس تمځای

公交车站

بار

酒吧

ریسټورانټ

餐馆

پوست بکس

邮筒

د کوڅې نښه

路标

د پارک کولو میټر

停车计时器

ژوبڼ

动物园

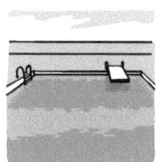

د لامبو حوض

游泳馆

مسجد

清真寺

کرونده

农场

ناپاکي

污染

هديره

墓地

چرچ

教堂

د لوبو ډګر

操场

معبد/کلیسا

寺庙

منظره

地形

树叶
د لارښوونې نښه
指示牌
لاره
路
چمن
石头
ونه
树
هیکر
徒步旅行者
سیند
河
واښه
草
ګل
花

دره

峡谷

غوندی

山

ناور

湖

ځنګل

森林

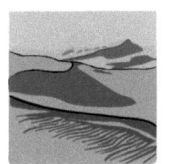

دشته

沙漠

اورشيندی

火山

کلا

城堡

رنګين کمان

彩虹

مرخيړي

蘑菇

پلم ونه

棕榈树

ماشي

蚊子

الوتل

苍蝇

ميږی

蚂蚁

مچی

蜜蜂

غوندل/جولا

蜘蛛

گونگت

甲虫

چونگبره

青蛙

نولی

松鼠

زیرکی

刺猬

سوی

野兔

گونگ

猫头鹰

مرغی

鸟

قازه

天鹅

نرخوگ

野猪

هوسی

鹿

گاوزه

麋鹿

بند

水坝

بادي توربين

风力发电机

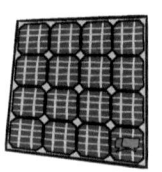

سولر تختي

太阳能电池板

اقليم

气候

ريسټورانټ

餐馆

پيشخدمت
服务员
مينو
菜单
椅子
سوپ
汤
پيزا
披萨饼
بڼاخې، چاقو، کاشوغه

ستارټر

前菜

اصلي خواړه

主菜

شيريني

甜点

څښاک

饮料

خواړه

食物

بوتل

瓶子

فاسټ فوډ

快餐

د کوڅې خواړه

街边小吃

چای جوش

茶壶

قندانی

糖盒

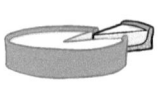

برخه

一份饭菜

اسپرسو مشین

意式咖啡机

لوړه چوکۍ

高脚椅

رسید

账单

مجمه

托盘

چاکو

刀

پنجه

餐叉

قاشق

勺子

چای قاشق

茶匙

سورویت

餐巾

ګلاس

玻璃杯

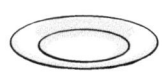

پلیټ

碟子

د سوپ پلیټ

汤盘

نالبکۍ

碟子

ساس

酱

مالګه شیندونکی

盐瓶

د مرچ ټکولو لوخی

胡椒磨

سرکه

醋

غوړي

食用油

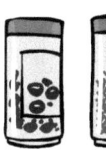

مساله

调味料

کچ اپ

番茄酱

شړشم

芥末

چکه

蛋黄酱

لوی پلورنځی
超市

ځانګړی وړاندیز
特价
پیرودونکی
顾客
لبنیات
乳制品
میوه
水果
购物车

قصابي

肉铺

نانوايي

面包房

وزن کول

称重

سبزیجات

蔬菜

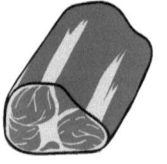

غوښه

肉

کنګل خواړه

冷冻食品

يخه غوښه

冷盘

كنسروا خواړه

罐头食品

د مينځلو پودر

洗衣粉

شيريني

甜食

كورني توليدات

日用品

د پاکولو محصولات

清洁用品

د پلور فرد

销售員

د نغدي راجستر

收银机

صراف

收银员

د پيرود ليست

购物清单

كاري ساعتونه

开放时间

بټوه

钱包

كريډيټ كارت

信用卡

كڅوړه

袋子

پلاستيک كڅوړه

塑料袋

څښاک
饮料

اوبه

水

جوس

果汁

شیده

牛奶

کوک

可乐

واین

红酒

بیر

啤酒

الکول

酒

ککاو

可可

چای

茶

کافي

咖啡

اسپرسو

意式浓缩咖啡

کپچینو

卡布奇诺

خواړه
食物

کیله

香蕉

مڼه

苹果

نارنج

橙子

هندوانه

西瓜

لیمو

柠檬

گازره

胡萝卜

هوږه

大蒜

بانکس

竹子

پیاز

洋葱

مرخیړي

蘑菇

چغزی

坚果

آش

面条

سپيګټي
....
意大利面条

وريجي
....
米饭

سلاد
....
沙拉

چپس
....
薯条

سره کړي کچالو
....
炸土豆

پيزا
....
披萨饼

همبرګر
....
汉堡包

ساندويچ
....
三明治

کتره
....
炸猪排

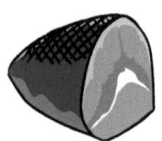

د پتون غوښه
....
火腿

سلمي
....
萨拉米

ساسچ
....
香肠

چرګ
....
鸡肉

روسټ
....
烤肉

کب
....
鱼

د وربشي شيرني

燕麦片

موسلي

穆兹利

د جوار پلی

玉米片

اوړه

面粉

کروسانت

羊角面包

د ډوډی رول

面包卷

ډوډی

面包

ټوسټ

烤面包

بسکیټ

饼干

کوچ

黄油

چکه

凝乳

کیک

蛋糕

هګی

蛋

پښي هګی

煎蛋

پنير

奶酪

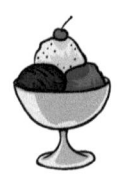

آیس کریم

冰激凌

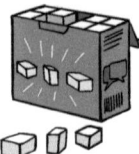

بوره

糖

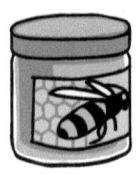

شهد

蜂蜜

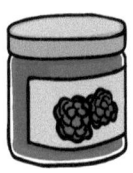

مربا

果酱

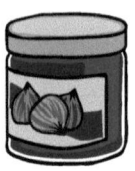

نوګاټ کریم

巧克力酱

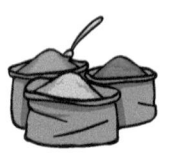

کورکمان

咖喱饭

د كروندي خونه
农舍

غوجل
粮仓

د بوسو كيدى
稻草捆

څمكه
田野

اس
马

لاس گاډى
拖车

تريكتر
拖拉机

كوچنى اس
马驹

خر
驴

پسه
羊

ورى
羔羊

وزه
山羊

غوا
奶牛

خوسکی
牛犊

خوگ
猪

د خوگ بچی
小猪

غوبی
公牛

بته

鹅

هيلۍ

鸭

چرګوړی

小鸡

چرګه

母鸡

بانګي

公鸡

سارای موږک

鼠

پیشک

猫

موږک

老鼠

غویی

牛

سپی

狗

د سپي خونه

狗屋

د باغ هوز

花园浇水软管

د اوبو لوخی

洒水壶

لور (داس)

长柄大镰刀

یوی

犁

لور

镰刀

رمبی

锄头

بښاخی

长柄草耙

تبر

斧头

کراچۍ

独轮手推车

ناوه

饲料槽

د شیدو لوخی

牛奶罐

جوال

麻布袋

کټاره

栅栏

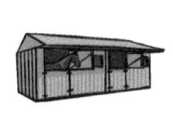

مضبوط

马厩

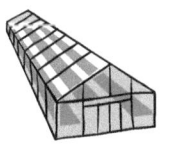

شنه خونه

温室

خاوره

土壤

تخم

种子

سره/کود

肥料

کډ رېبونکی ماشین

联合收割机

زیرمه کول

收割

درمند

收割

خواږه کچالو

山药

غنم

小麦

سویا

大豆

کچالو

土豆

جوار

玉米

نباتي تخم

油菜籽

د میوې ونه

果树

مانیوک

树薯

غله

谷物

کور
房子

درځه
烟囱
بام
屋顶
ناودان
落水管
کړکۍ
窗户
车库
د دروازې زنګ
门铃
دروازه
门
اشغالدانی
垃圾桶
د لیک بکس
信箱
باغ
花园

د اوسیدو خونه

客厅

حمام

浴室

پخلنځی

厨房

د ویده کیدو خونه

卧室

د ماشوم خونه

儿童房

د خوارو خونه

餐厅

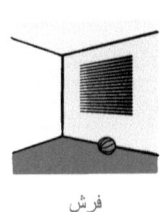

فرش

地板

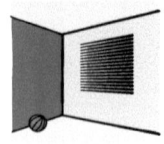

ديوال

墙壁

چت

吊顶

زيرخانه

地窖

سونا

桑拿

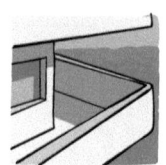

بالكوني

阳台

تراس

露台

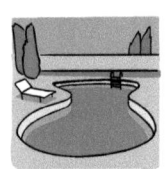

حوض

游泳池

د چمن وهلو ماشين

割草机

شيټ

被单

روجايي

床罩

تخت

床

جارو

扫帚

بوکه

水桶

سويچ

开关

د اوسیدو خونه

客厅

والپیپر
壁纸
عکس
照片
لامپ
台灯
شیلف
搁架
الماری
橱柜
تلویزیون
电视机
نغری
壁炉
花
بالښت
垫子
صوفه
沙发
ګلدانی
花瓶
ریموټ کنټرول
遥控器

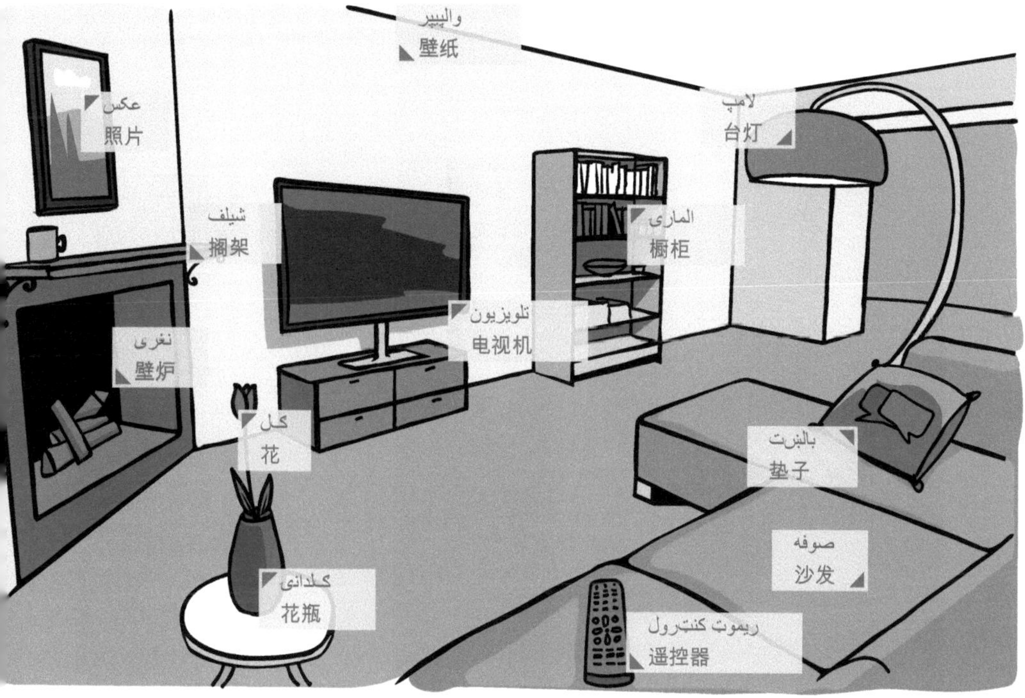

غالی

地毯

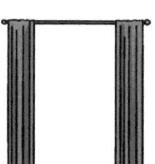

پرده

窗帘

میز

餐桌

چوکۍ

椅子

تاویدونکي چوکۍ

摇椅

بازو لرونکې چوکۍ

扶手椅

کتاب

书

کمپل

毯子

ډیکوریشن

装饰品

د اور لرګي

木柴

فلم

电影

هایفای

高保真音响

کلي

钥匙

ورځپاڼه

报纸

نقاشي

油画

پوستر

海报

راډیو

收音机

کتابچه

笔记本

واکیوم جارو

吸尘器

کاکتوس

仙人掌

شمع

蜡烛

پخلنځی
厨房

فریج
冰箱
مایکرو ویو اون
微波炉
ټوستر
烤面包机
مینځونکی
洗洁精
烤箱
یخچال
冰柜
اشغالدانی
垃圾桶
د لوخو مینځونکی
洗碗机

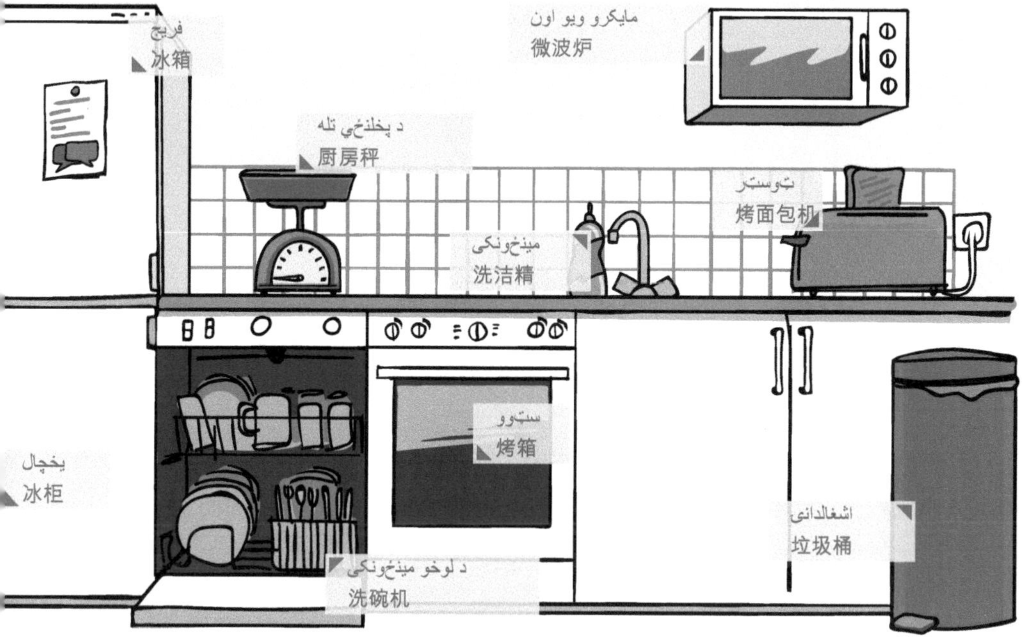

دیګ بخار

炊具

لوخی

锅

چدني لوخی

铸铁锅

ووک

炒锅

د تلي په

平底锅

چای جوش

水壶

د بخار دیگ

蒸锅

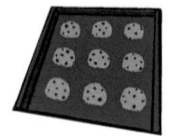

پتنوس

烤盘

لوخي

陶瓷锅

مګ

马克杯

کاسه

碗

د رانیولو اوزار

筷子

څمڅی

长柄勺

کفګیر

铲子

پاکونکی

搅拌器

صافي

滤网

غلبیل

筛子

ګریټر

磨碎机

اونګ

研钵

بار بي کیو

烧烤

خلاص اور

明火

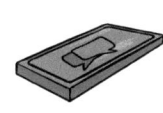

تخته

....

菜板

هوارونکی

....

擀面杖

کارک سکریو

....

开瓶器

ټیم

....

罐子

د ټیم خلاصونکی

....

开罐器

د لوخي ټوټه

....

隔热手套

ظرف شوی

....

水槽

برس

....

刷子

سپنج

....

海绵

بلینډر

....

搅拌机

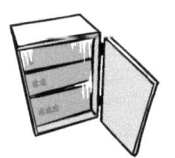

ژور يخچال

....

冷藏箱

د ماشوم بوتل

....

奶瓶

نل

....

水龙头

حمام
浴室

تودول
供暖设备
جان پاک
毛巾
شاور
د شاور پرده
浴帘
ببل حمام
泡沫浴
د حمام ټب
浴缸
玻璃杯
د مينځلو مشين
洗衣机
نل
水龙头
ټايلونه
瓷砖
يو ډول كمود
便壶
ظرف شوی
水槽

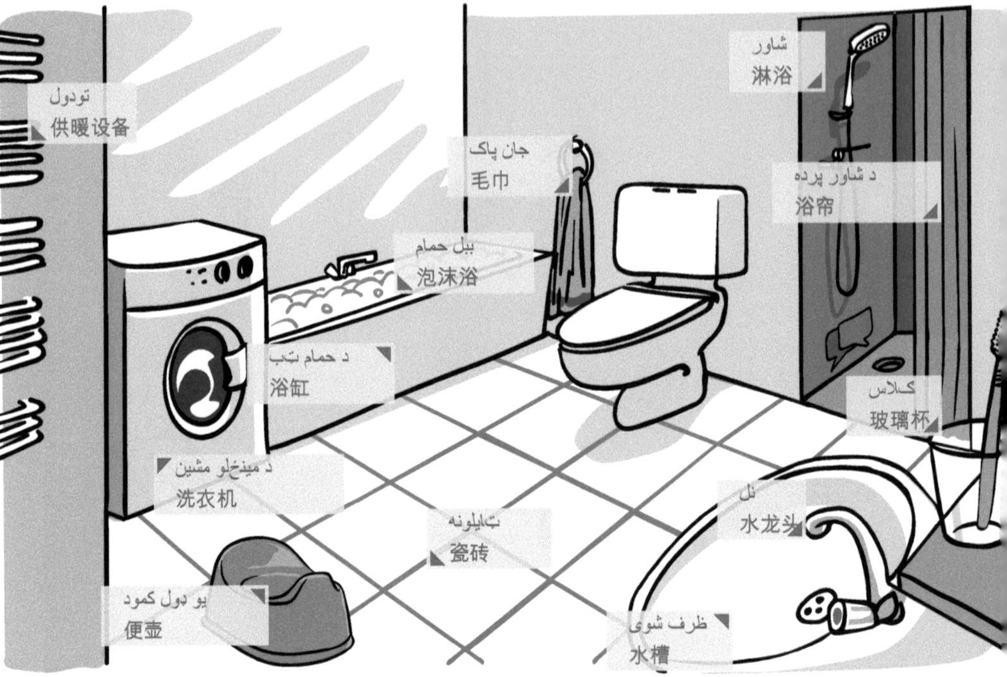

تشناب
....
厕所

فرشي كمود
....
蹲便器

كمود
....
坐浴器

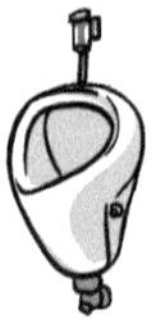

د متيازو ځای
....
小便池

تشناب كاغذ
....
厕纸

د تشناب برس
....
马桶刷

د غاښونو برس

牙刷

د غاښونو کریم

牙膏

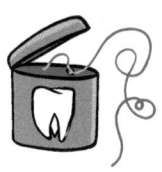

د غاښونو نخ

牙线

مینځل

洗

لاسي شاور

手持式喷淋头

دوش

冲洗器

خانک

洗脸盆

د شا برس

擦背刷

صابون

肥皂

د شاور ژل

沐浴露

شامپو

洗发水

فلانل جامه

法兰绒

وچول

排水

کریم

乳霜

سپری

除臭剂

آینه

镜子

لاسي آینه

手镜

ريزر

剃须刀

د خریلو فوم

剃须泡沫

د خریلو وروسته

须后水

ګمنځ

梳子

برس

刷子

د ویښتانو وچونکی

吹风机

د ویښتانو سپری

喷发定型剂

میک اپ

化妆品

لیپ سټیک

唇膏

د نوکانو پالش

指甲油

کاټن وړی

化妆棉

ناخن ګیر

指甲剪

عطر

香水

د مېنځلو کڅوړه

洗漱包

سټول

凳子

د وزن کولو تله

计重秤

د حمام پوښاک

浴袍

د ربړ دستکش

橡胶手套

ټامپون

卫生棉条

صحيي جان پاک

卫生巾

کيميکل تشناب

化学厕所

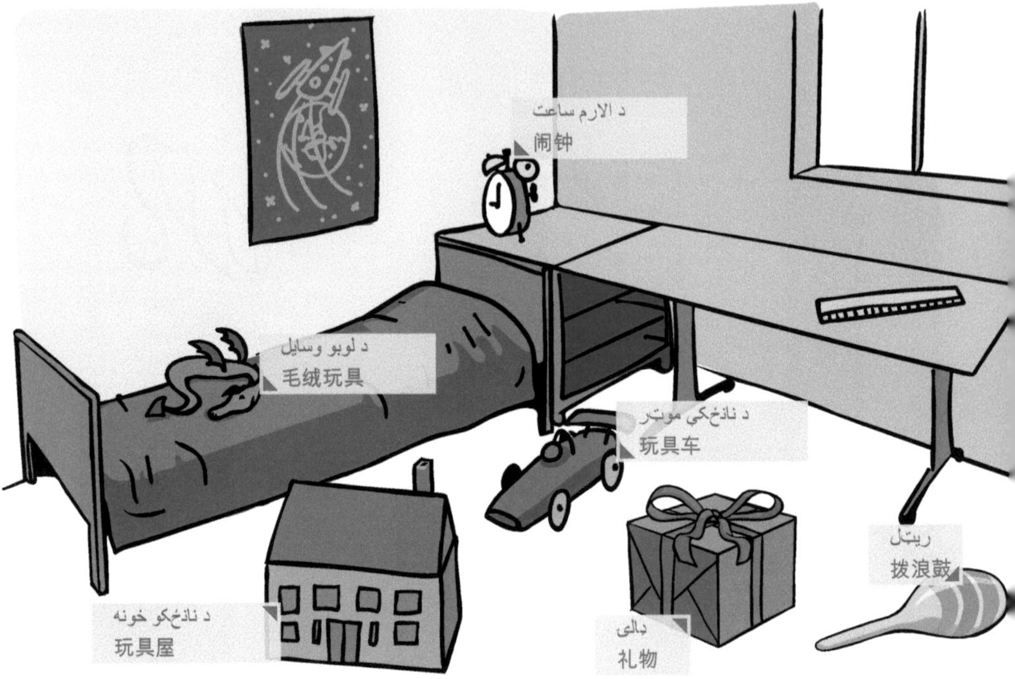

د الارم ساعت
闹钟

د لوبو وسایل
毛绒玩具

د ناناخکي موټر
玩具车

ریټل
拨浪鼓

د ناناخکو خونه
玩具屋

ډالۍ
礼物

بالون
气球

تخت
床

کالسکه
（洋娃娃用）婴儿车

د لوبو ورقۍ
扑克牌

جیګسا
拼图

مسخره
漫画

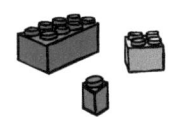

لیګو بریک

乐高积木

د نانځکو بلاک

积木玩具

د اکشن فیګور

玩具人

د ماشوم پوښاک

婴儿服

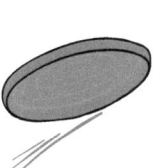

فریزبي

飞盘

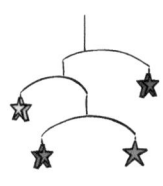

موبایل

床铃玩具

بورډ لوبه

棋盘游戏

تاس

骰子

ماډل ریل سیټ

火车模型

ګونګشی

安抚奶嘴

پارټي

聚会

د عکسونو البوم

绘本

بال

球

نانځکه

洋娃娃

لوبيدل

玩

د شګو کنده
....
沙坑

سوینګ
....
秋千

نانځکي
....
玩具

د ویډیو لوبو کنسول
....
游戏机

ټرای سایکل
....
三轮车

ګوډګه
....
泰迪熊

د کالو الماری
....
衣柜

پوښاک

衣服

جرابې
....
袜子

لوړې جرابې
....
长袜

ټایټس
....
紧身裤

زروکی
围巾

چتری
雨伞

تی شرت
T恤

کمربند
皮带

بوتان
靴子

سلیپر
拖鞋

سنیکر
运动鞋

سیندل

凉鞋

بوتان

鞋

د ربر بوتان

雨靴

زیرنیکري

内裤

سینه بند

胸罩

واسکټ

背心

بادي

身体

پتلون

裤子

جينز

牛仔裤

لمن

短裙

بلاوز

女式衬衫

شرټ

衬衫

بنيان

套头衫

سويټر

卫衣

بليزر

西装夹克

جاکټ

夹克

کوټ

外套

د باران کوټ

雨衣

پوښاک

套装

کالي

连衣裙

د واده پوښاک

婚纱

دریشي

西装

د شپې پوښاک

睡袍

پاجامه

睡衣

ساړي

莎丽

لوپټه

头巾

پټکی

包头巾

برقه

波卡

کفتن

卡夫坦

عبا

(阿拉伯式)长袍

د لامبو پوښاک

泳衣

نیکر

男式泳裤

شارټ

短裤

د ځغاستې پوښاک

运动服

پیش بند

围裙

دستکش

手套

بټن

纽扣

عینک

眼镜

لاس بند

手链

غاړه کۍ

项链

ګوتمه

戒指

غوږوالۍ

耳环

خولۍ

便帽

کوټ بند

衣架

خولۍ

帽子

ټایی

领带

ځنځیر

拉链

هیلمټ

头盔

ترونکی

背带

د ښوونځي یونیفارم

校服

یونیفارم

制服

بیب
围兜

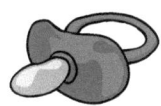

ګونګشی
安抚奶嘴

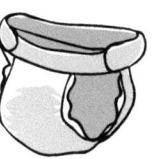

نیپي
尿不湿

دفتر
办公室

سرور
服务器
د دوسیه الماری
文件柜
پرینټر
打印机
ورق
纸
مانیټور
显示屏
ډیسک
ماوس
鼠标
فولډر
文件夹
کي بورډ
键盘
椅子
اشغالدانی
کمپیوټر
电脑

د کافي پیاله
咖啡杯

کالکولیټر
计算器

انټرنیټ
因特网

لپ ټاپ

笔记本电脑

لیک

信件

پیغام

消息

موبایل

手机

نیټورک

网络

فوټوکاپیر

复印机

سافټویر

软件

تلیفون

电话

پلګ ساکټ

插座

فکس مشین

传真机

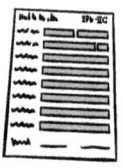

فارم

表格

سند

文件

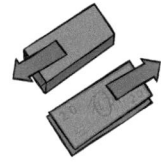

پيرل

买

تاديه کول

付钱

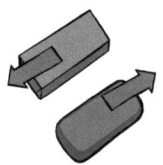

سوداګري کول

交易

پيسې

现金

ډالر

美元

يورو

欧元

ين

日元

ربل

卢布

سويسي فرانک

瑞士法郎

رينمينبي يوان

人民币

روپۍ

卢比

د نغدي پيسو ځای

提款处

د اسعارو د تبادلي دفتر
....
外币兑换处

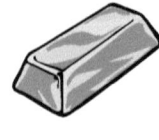

سره زر
....
金

سپین زر
....
银

تیل
....
石油

انرژي
....
能源

نرخ
....
价格

قرارداد
....
合同

مالیه
....
税金

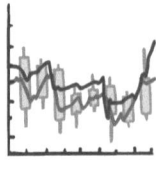

اسهام
....
股票

کار کول
....
工作

کارمند
....
职员

کار ګومارونکی
....
老板

فابریکه
....
工厂

پلورنځی
....
商店

مسلکونه
职业

د پولیسو افسر
警官
د اطفایه غړی
消防员
آشپز
厨师
ډاکټر
医生
پیلوټ
飞行员

باغوان

园丁

نجار

木匠

خیاط

裁缝

قاضي

法官

کیمیا پوه

化学家

د فلم لوبغاړی

演员

د بس ډرايور

公交车司机

د ټيکسي ډرايور

出租车司机

کب نيونکی

渔夫

خدمه

清洁女工

بام جوړونکی

屋顶工

پيشخدمت

服务员

ښکاري

猎人

نقاش

画家

نانوا

面包师

د برښنا کارکونکی

电工

تعمير جوړونکی

建筑工人

انجنير

工程师

قصاب

屠夫

نلدوان

水管工

پوست رسونکی

邮递员

سرتيرى

士兵

مهندس

建筑师

صراف

收银员

ماليار

花农

نايى

理发师

كليندر

售票员

ميخانيک

机械师

کپتان

船长

د غاښونو ډاکټر

牙医

ساينس پوه

科学家

ښاغلی

拉比

امام

伊玛目

مذهبي نفر

和尚

پادري

牧师

لوازم
工具

铁锤
پلاس
钳子
پیچکش
螺丝刀
扳手
手电筒

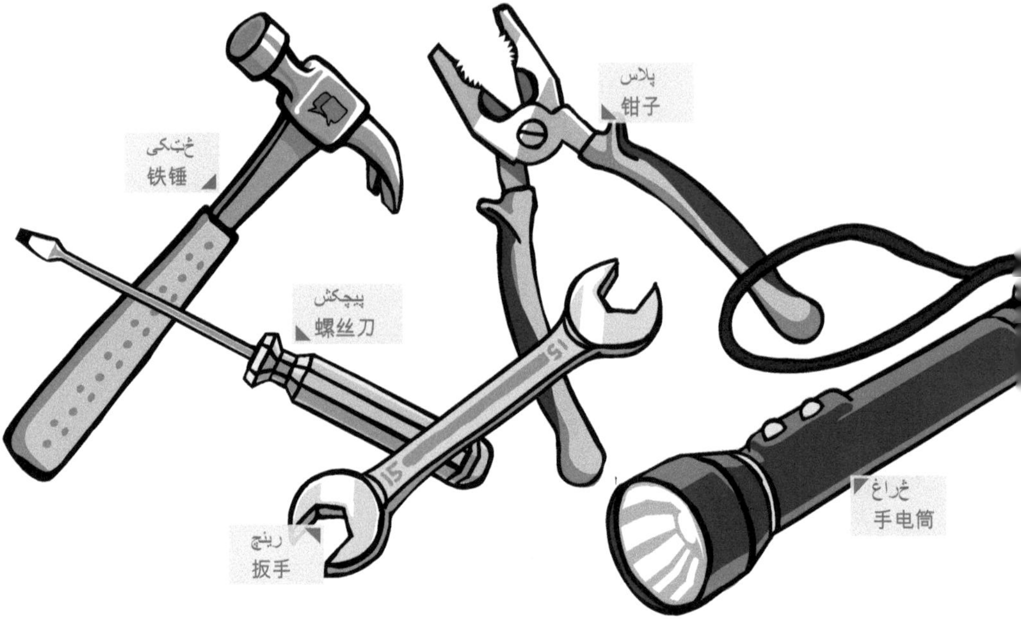

کنستونکی
挖掘机

د لوازمو بکس
工具箱

زینه
梯子

اره
锯子

میخونه
钉子

برمه
钻机

ترمیم کول

修

بیل

铲子

لعنت!

靠！

خاک انداز

簸箕

مشوانی

油漆桶

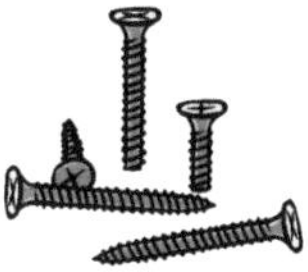

پیچونه

螺丝

د میوزیک آلات
乐器

درم سیت
打击乐器 ▲

لاود سپیکر
扬声器

کنترباس
低音提琴 ▲

ترومپیت
小号

گیتار
吉他 ▲

پیانو

钢琴

وایلن

小提琴

باس

贝斯

نغاره

定音鼓

ډرمونه

鼓

کي بورډ

电子琴

سیکسافون

萨克斯管

شپیلی

长笛

مایکروفون

麦克风

老虎
ننوتو لاره
入口
پنجره
笼子
ګوره خر
斑马
د ژویو خواره
动物饲料
熊猫

ژوی

动物

هاتي

大象

کنګرو

袋鼠

د اوبو اسپ

犀牛

ګوریلا

大猩猩

ایږه

熊

اوښ

骆驼

شترمرغ

鸵鸟

زمری

狮子

بیزو

猴子

غزی

火烈鸟

طوطي

鹦鹉

قطبي ایږه

北极熊

پینګوین

企鹅

شارک

鲨鱼

طاوس

孔雀

مار

蛇

تمساح

鳄鱼

ژوبڼ ساتونکی

动物园管理员

سیل

海豹

جګوار

美洲豹

يابو

矮种马

پړانګ

豹

هيپو

河马

زرافه

长颈鹿

باز

老鹰

نرخوګ

野猪

کب

鱼

شمشتی

龟

سمندري نولی

海象

ګيدړه

狐狸

هوسی

羚羊

ورزش
体育

امریکایی فټبال
橄榄球
سایکل څغلول
骑自行车
ټینیس
网球
باسکیټبال
篮球
لامبو
游泳
باکسینګ
拳击
د کنګل هاکي
冰球

فټبال

英式足球

کسیزه

羽毛球

د څغاستي لوبي

田径

د هندبال

手球

سکي

滑雪

پولو

马球

خندل
笑

تروپ وهل
跳

غاړه ورکول
拥抱

سندري ویل
唱

گرخيدل
走路

خوب ليدل
做梦

عبادت کول
祈祷

مچو کول
亲吻

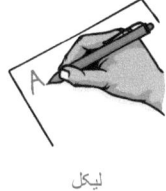

ليکل
书写

کښل
画

ښودل
展示

ټيله کول
推

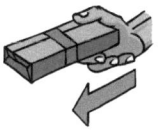

ورکول
给

اخيستل
拿

درلودل

有

کول

做

پاییدل

当

ودریدل

站

منډې وهل

跑

راکښل

拉

ګوزارل

扔

لویدل

摔倒

څملاستل

躺

انتظار کول

等待

وړل

携带

کښیناستل

坐

پوښاک اغوستل

穿衣

ویده کیدل

睡觉

پاڅیدل

醒来

كتل

看

ژړل

哭

برید کول

抚摸

ګمنځ کول

梳头

خبري کول

交谈

پوهیدل

明白

غوښتل

问

اوریدل

听

څښل

喝

خوړل

吃

پاکول

清理

مینه کول

爱

پخلی کول

做饭

موټر چلول

开车

الوتل

飞

بیړۍ چلول

航行

حساب

计算

لوستل

读

زده کول

学习

کار کول

工作

واده کول

结婚

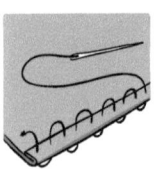

ګنډل

缝

د غاښونو برس کول

刷牙

وژل

杀

سګرټ څښل

抽烟

لیږل

寄

کورنۍ
家

نیا
祖母
نیکه
祖父
پلار
父亲
مور
母亲
ماشوم
لور
女儿
زوی
儿子

میلمه

客人

ترور

阿姨

کاکا/ماما

叔叔

ورور

兄弟

خور

姐妹

بدن

身体

تندی
前额
眼睛
مخ
脸
زنه
下巴
ګوته
手指
لاس
手
سینه
乳房
مټ
手臂
اوږه
肩膀
پښه
腿

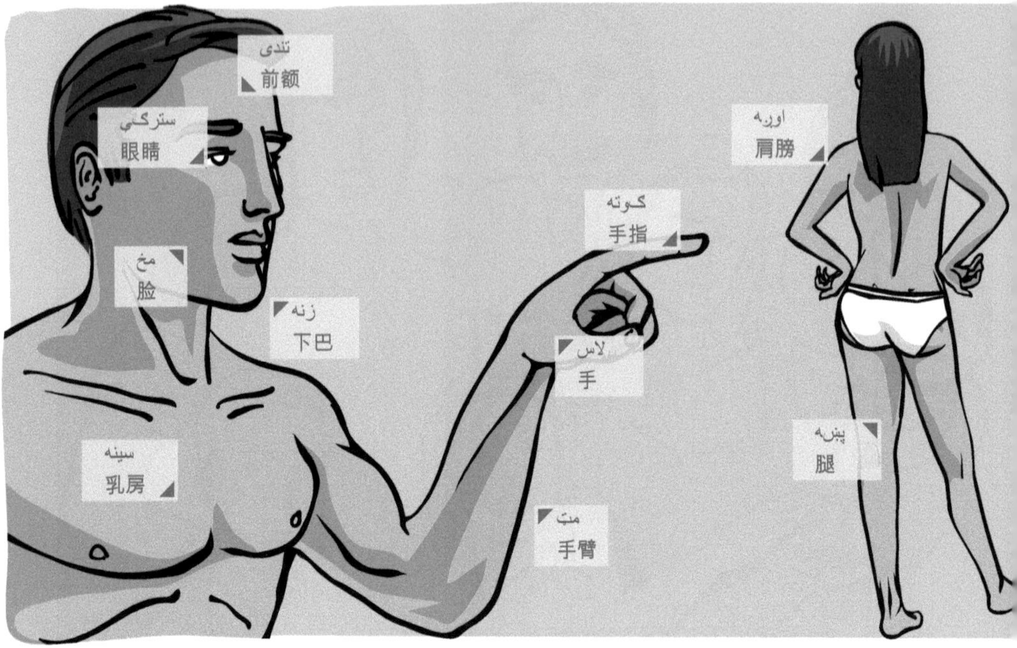

ماشوم

婴童

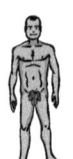

سړی

男人

ښځه

女人

انجلۍ

女孩

هلک

男孩

سر

头

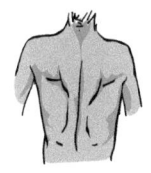

شا

背部

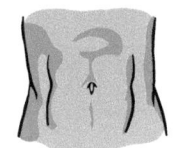

خېټه

肚子

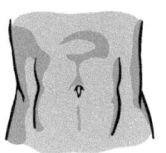

نوم

肚脐

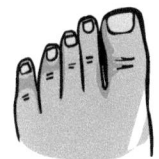

د پښې ګوته

脚趾

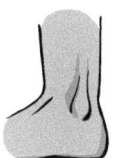

پونده

脚后跟

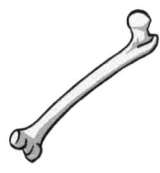

هډوکی

骨头

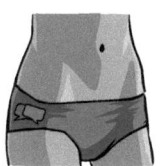

کوناټی

臀部

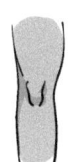

زنګون

膝盖

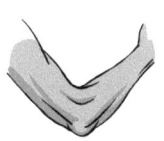

څنګل

手肘

پوزه

鼻子

لاندې برخه

屁股

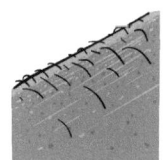

پوټکی

皮肤

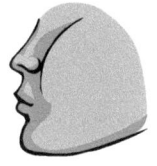

غومبوری

脸颊

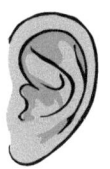

غوږ

耳朵

شونډه

嘴唇

خوله

嘴

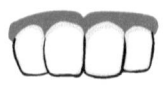

غاښ

牙齿

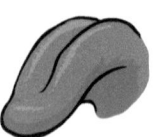

ژبه

舌头

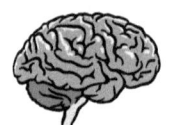

مغز

脑

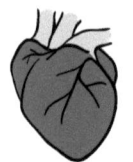

زړه

心脏

عضله

肌肉

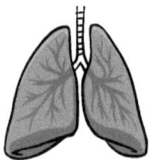

سږی

肺

ځيگر

肝脏

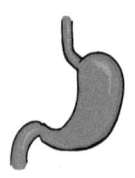

معده

胃

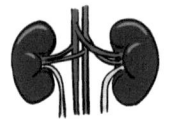

پښتورگي

肾脏

جنسي نږدې والی

性交

کاندوم

避孕套

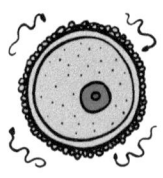

تخمه

卵子

مني

精子

حمل

怀孕

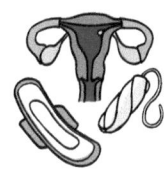

حيض

月经

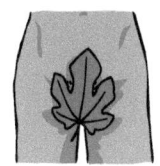

مهبل

阴道

د نارينه تناسلي آله

阴茎

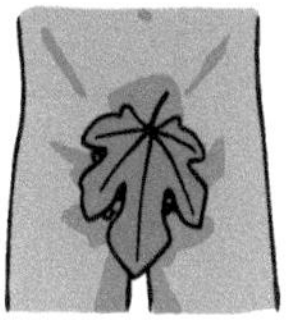

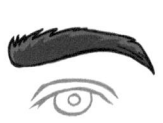

وروځې

眉毛

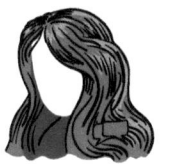

ويښته

头发

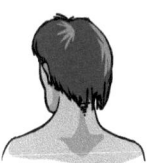

غاړه

脖子

روغتون

医院

امبولانس
救护车
ويل چير
轮椅
کسر
骨折

ډاکټر

医生

عاجل خونه

急诊室

رنځورپال

护士

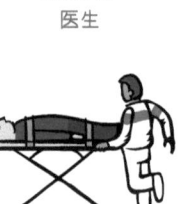

عاجل

紧急情况

بې هوش

昏迷

درد

痛

ټپ

....

受伤

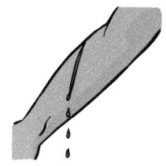

وينه تويدل

....

出血

د زړه حمله

....

心脏病发作

ضرب

....

中风

حساسيت

....

过敏

ټوخی

....

咳嗽

تبه

....

发烧

انفلوينزا

....

流感

نس ناستی

....

腹泻

سر درد

....

头痛

سرطان

....

癌症

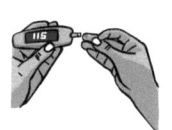

شکر

....

糖尿病

جراح

....

外科医生

سکالپل

....

手术刀

عمليات

....

手术

سي.ټي
CT

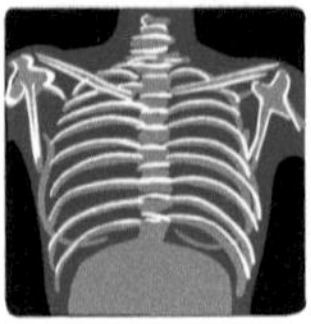

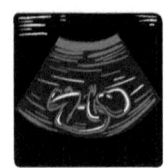

ايکس رې
X光

الټراساونډ
超声波

د مخ ماسک
口罩

ناروغي
疾病

انتظار خونه
候诊室

امسآ
拐杖

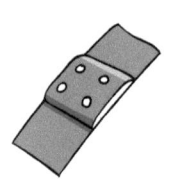

پلستر
石膏

بنداژ
绷带

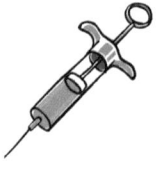

تزريق
注射

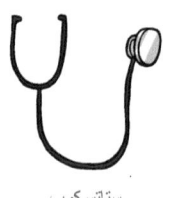

ستاتسکوپ
听诊器

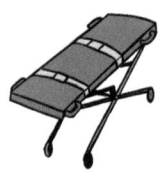

تسکيره
担架

کلينکي ترمامیټر
体温计

زيږون
出生

زيات وزن
超重

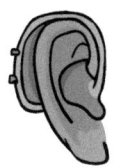

د اوریدو مرسته

助听器

د عفونیت څخه پاکونکي مواد

消毒液

عفونیت

感染

ویروس

病毒

ایچ.آی.وی/ایدز

艾滋病

درمل

药物

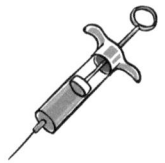

واکسین

接种疫苗

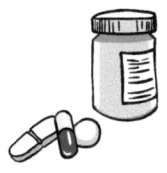

ټابلیټس

药片

ګولۍ

药丸

عاجل تلیفون

急救电话

د ويني د فشار څارونکی

血压计

ناروغ/روغ

生病/健康

عاجل
紧急情况

مرسته!

救命！

الارم

警报

یرغل

突击

برید

攻击

خطر

危险

عاجل لاره

紧急出口

اور!

着火啦！

د اور وژونکی

灭火器

پېښه

意外

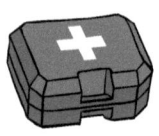

د لومړی مرستي لوازم

急救箱

ایس.او.ایس

呼救信号

پولیس

警察

خمکه
地球

اروپا

欧洲

شمالي امریکا

北美洲

سهیلي امریکا

南美洲

افریقا

非洲

آسیا

亚洲

آسټریلیا

澳洲

اتلانتیک

大西洋

پاسیفیک

太平洋

د هند بحر

印度洋

جنوبي منجمد بحر

南冰洋

د شمال قطب بحر

北冰洋

شمالي قطب

北极

سهيلي قطب

南极

انټارکټيکا

南极洲

ځمکه

地球

ځمکه

陆地

بحر

海

ټاپو

岛

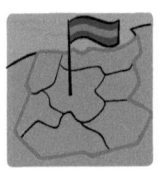

ملت

国家

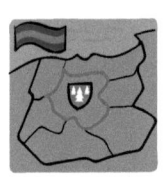

دولت

国家

ساعت
钟表

د مخي ساعت

钟面

د ساعت ستنه

时针

د دقيقي ستنه

分针

د ثانيې ستنه

秒针

څه وخت دی؟

现在几点？

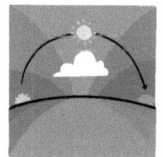

ورځ

天

وخت

时间

اوس

现在

ډيجيټل ساعت

电子表

دقيقه

分

ساعت

时

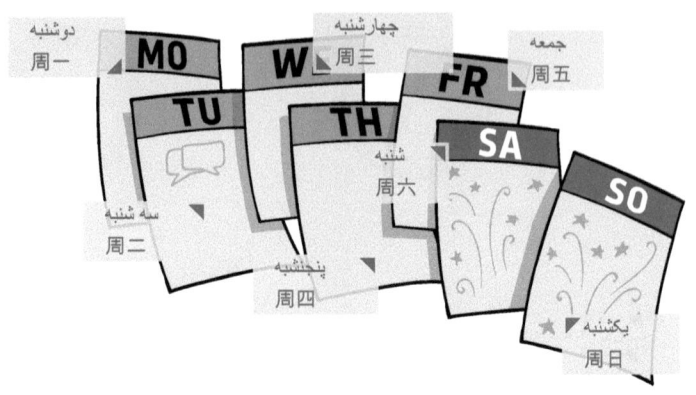

دوشنبه 周一 **MO**

چهارشنبه 周三 **W**

جمعه 周五 **FR**

TU

سه شنبه 周二

TH

شنبه 周六 **SA**

پنجشنبه 周四

یکشنبه 周日 **SO**

پرون

昨天

نن

今天

سبا

明天

سهار

早晨

غرمه

中午

ماښام

晚上

MO	TU	WE	TH	FR	SA	SU
1	2	3	4	5	6	7
8	9	10	11	12	13	14
15	16	17	18	19	20	21
22	23	24	25	26	27	28
29	30	31	1	2	3	4

کاري ورځې

工作日

MO	TU	WE	TH	FR	SA	SU
1	2	3	4	5	6	7
8	9	10	11	12	13	14
15	16	17	18	19	20	21
22	23	24	25	26	27	28
29	30	31	1	2	3	4

د اونۍ پای

周末

باران
雨
رنګین کمان
彩虹
باد
风
واوره
雪
پسرلی
春
夏
منی
秋
ژمی
冬

4.APRIL 11°
5.APRIL 4°
6.APRIL 13°
7.APRIL 8°
8.APRIL 10°

د موسم وړاندوینه

天气预报

ترمومیټر

温度计

د لمر وړانګې

阳光

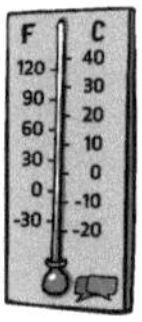

وریځ

云

لړه

雾

رطوبت

潮湿

رڼا

闪电

تندر

打雷

توفان

风暴

ږلۍ وریدل

冰雹

مون سون باران

季风

سیلاب

洪水

یخ

冰

جنوري

一月

فبروري

二月

مارچ

三月

اپریل

四月

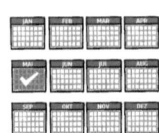

می

五月

جون

六月

جولای

七月

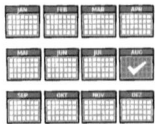

اګست

八月

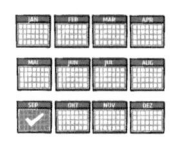

سپتمبر

九月

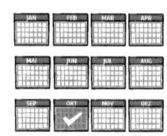

اکتوبر

十月

نومبر

十一月

دسمبر

十二月

شکلونه

形状

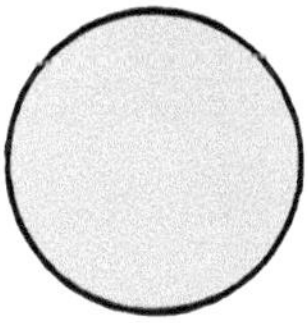

دایره

圆形

مربع

正方形

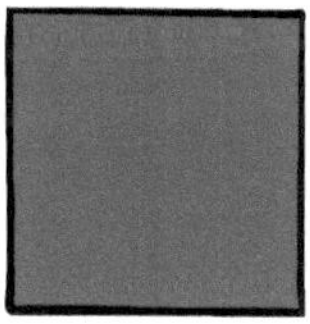

مستطیل

长方形

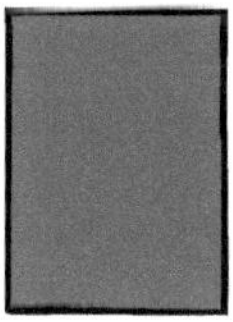

مثلث

三角形

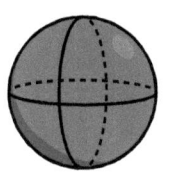

توپ

球体

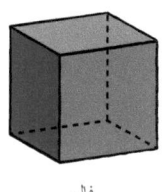

قال

立方体

رنګونه

颜色

سپین

白

ژیر

黄

نارنجي

橙

ګلابي

粉

سور

红

ارغواني

紫

نیلي

蓝

شین

绿

نسواري

棕

خړ

灰

تور

黑

خورا ډير/خورا لږ

很多/少许

قار/ارام

生气/平静

ښکلی/بدشکله

美/丑

پیل/پای

首/尾

لوی/کوچنی

大/小

روښانه/تیاره

明/暗

ورور/خور

兄弟/姐妹

پاک/ککړ

干净/肮脏

مکمل/نامکمل

完整/缺失

ورځ/شپه

白天/晚上

مړ/ژوندی

死/生

پراخه/نری

宽/窄

د خوراک وړ/نه خوړل کیدونکی

可食用/非食用

بد/مهربان

邪恶/善良

پاریدلی/بې خونده

兴奋/无聊

چاق/وچ

胖/瘦

لومړی/وروستی

第一/最后

ملګری/دښمن

朋友/敌人

ډک/تش

满/空

سخت/نرم

硬/软

دروند/سپک

重/轻

لوږه/تنده

饿/渴

ناروغ/روغ

生病/健康

غیرقانوني/قانوني

非法/合法

هوښیار/ساده

聪明/愚笨

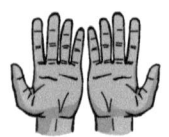

کیڼ/ښي

左/右

نږدې/لرې

近/远

نوی/زوړ

新/旧

هيڅ/يوڅه

没有/有些

بډا/ځوان

老/幼

چالان/بند

开/关

خلاص/تړلی

打开/合上

غلی/لوړ غږ

安静/吵闹

بډایه/غریب

富/穷

صحيح/غلط

对/错

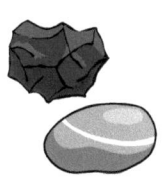

زيږ/ملايم

粗糙/光滑

خفه/خوښ

伤心/高兴

لند/اوږد

短/长

سست/ګړندی

慢/快

لوند/وچ

湿/干

ګرم/يخ

温暖/凉爽

جګړه/سوله

战争/和平

شمیرې
数字

0	1	2
صفر	یو	دوه
零	一	二
3	4	5
درې	څلور	پنځه
三	四	五
6	7	8
شپږ	اوه	اته
六	七	八
9	10	11
نهه	لس	یولس
九	十	十一

12

دولس

十二

13

دیارلس

十三

14

څوارلس

十四

15

پنځلس

十五

16

شپاړس

十六

17

وولس

十七

18

اتلس

十八

19

نولس

十九

20

شل

二十

100

سل

百

1.000

زر

千

1.000.000

میلیون

百万

زبې
语言

انګلسي

英语

امریکایی انګلسي

美式英语

چینایی مندرین

普通话

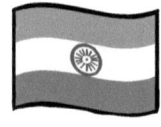

هندي

印地语

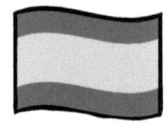

هسپانوي

西班牙语

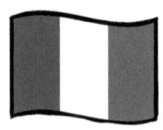

فرانسوي

法语

عربي

阿拉伯语

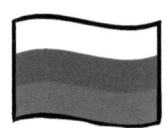

روسي

俄语

پرتګالي

葡萄牙语

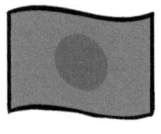

بنګالي

孟加拉语

آلماني

德语

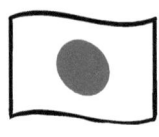

جاپاني

日语

څوک/څه/څنګه
谁/什么/怎样

زه

我

ته

你

هغه/دغه/دا

他/她/它

مونږ

我们

تاسي

你们

دوی/هغوی

他们

څوک؟

谁？

څه؟

什么？

څنګه؟

怎样？

چیری؟

哪里？

کله؟

什么时候？

نوم

名字

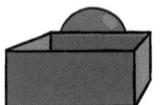

چيرې
方位

شاته

后面

په

里面

په مخه کې

前面

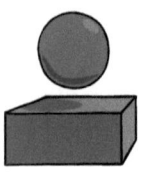

باندې

上方

په

上面

لاندې

下面

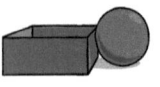

برسیره پر

旁边

ترمینځ

中间

ځای

地点